시계 바늘

시계 바늘

김휘열 제4시집

도서출판 천우

시인의 말

코로나로 모두 어려운 시기에
4번째 시집을 상재한다

나름 베틀에 고운 무명을 짜듯
시를 썼으나 늘 부족하다고
생각한다

그렇다고 다른 사람들과 비교하여
나를 비평하는 것은 아니고
좀 더 좋은 시를 남길 수 없나 하는
스스로 느끼는 독백이다

시인은 늘
고운 마음을 가두고 있어야 한다

2022년 5월

제1부

나의 화원

● 시인의 말

제2부

별을 보며

제3부

열린 문을 찾아서

제4부

시계 바늘

제5부
꽃을 피우다

제1부

나의 화원

나의 화원

꽃은 오롯이
자기를 위해 피어난 건데
하나 인연도 없는 남에게
유익을 주고서 진다

사람 중에도
자기의 유익을 셈하지 못하고
순전히 남을 위해 살다가 가는
더러 꽃 같은 사람이 있다

처음부터도 꽃은 자기를 위해
피어난 것이 아니었고
더러 꽃 같은 그 사람도 남을 위해
살다가 오라고 했다

8월의 화단

담장 아래 화단으로
봉선화 천수국 장미 분꽃
만수국 금계국 백일홍 무궁화
붉은 장미 흰 장미 분홍독일장미

해당화 과꽃 나팔꽃 옥잠화
루드베키아 금잔화 아벨리아
치자나무 꽃
개오동나무 꽃이 피었다

풀꽃들도 더위에 드러눕는 8월
꽃들이 고개를 내밀고
숨을 고르고 있다.

달맞이꽃

봄내 대지를 흔들어대던 새싹들을
땅 위로 모두 토해낸 오월

어머니 멀리 마실을 간
고향 집 대문을 열고 들어서니
우물가 담장 아래로 달맞이꽃
올망하게 피어있다

들고양이 숨어 우는
돌담 사이로 사기그릇같이
달이 차오르면

밤내 차가운 달빛에 목욕을 하고
아침이면 시무룩 시들어버리는
달 바라기 꽃

진달래꽃 피다

손 뻗으면 닿을 듯
뒷산 마루에 진달래꽃
화르르 피었다.

메마른 성긴 가지 사이로
겨우 핀 꽃이
4월의 하늘 아래 온 산을
몽실 붉게 물들이고

지난 이맘때 꽃잎 하나를
책갈피에 접어두고
잊혀질까 가슴 졸이던

봄소식에 마냥 설레는
새색시 수줍은 가슴 섶으로
피어가고 있다.

끈끈이 대나물

분홍빛 작약 꽃이 모두
진자리에
끈끈이 대나물 진분홍 꽃이
순서 없이 피고 있다

초여름 한낮 햇살 아래서
대나무 마디 꽃대를 흔들며
막 이사 온 옆집 담장 사이로
나란히 피어가고 있다

말나리

칠월 한낮

봄꽃들이 진 자리로
키 큰 말나리가
도도히 꽃을 피우고
종일토록 행인들의 시선을
맞으며 서 있다

말나리 꽃처럼
이글거리는 태양을 외면하고
살아갈 수 있으면

시리도록 파란 계절
밤 이슥해 지면
붉은 꽃 등 들고 그대,
마중 가겠네

하늘매발톱꽃

나무 이파리 싱그러운 오월
언덕 위
정갈한 돌담 아래로
적자색 하늘매발톱꽃 한껏
피었다

5개의 꽃잎마다
안으로 구부러진 꽃뿔이
매 발톱을 닮았다고 해서
얻은 이름이고

꽃뿔 속에 꿀샘이
곤충을 유인하고
곤충은 먹이를 찾다가
꽃가루를 날라준다

이것은 짜놓은 관계가 아니고
종의 번식에 의한 자연 순리다

백일홍

잠시 고향 집 대문
앞마당 화단에 정갈하게
백일홍 꽃 피었다

오늘은
붉은 분홍 노란 주홍
둥근 꽃들 모두가 소싯적
학교에서 돌아오면 늘 반겨주던
어머니 얼굴 같아 보인다

북쪽 밤하늘 무수한
별들 중에서
나를 위해 기도하고 있는
별같이 피어나는 꽃

어느 봄날의 단상

우한코로나로 한숨이
깊어지는 사월, 뜨락에 봄꽃이
잎새에 숨어 운다

시련의 끝이 보이지 않는
긴 터널 어둠 속
그 끝에 다다르는 동안 인류는
이런 질곡이 어디에서 왔는지
돌아볼 새도 없이
의식 없이 끌려가고 있고

모진 겨울 혹한 중에서
단장을 채비하여 활짝 피어오른
봄꽃을
반겨주는 이 하나 없는
참 아픈 계절이다

홀로 피었다 지는
쓸쓸한 모습이 측은하였던지
하늘이 울음을 참아내고 있다

꽃샘바람

꽃샘바람이 나무를 흔들어
대지의 겨울잠을 깨우고

자연의 순리에 따라
새싹을 움트게 하고 있다

겨울이 봄을 몰래 품고서
혹독한 추위를 견디고 오듯

어머니의 산고는
새 생명 탄생을 위한 피할 수 없는
여정이다

봄의 단상

봄바람에 어른거리는
꽃의 무늬들이 유리창 너머로
설핏 다가서는

한낮 따사한 햇살에 깨어진
유리 위에 그리운 낙서가
한 줄 쓰여 있고

그리움이 툭 터지듯 쏟아지는
밤하늘 별빛 아래로

계절을 순환하고 돌아온
목련이 꽃망울을 터트리고 있다

겨울나무

성긴 가지마다
눈꽃이 함빡 실려 있는
겨울나무

바람 소리 따라 애처롭게
숨을 고르고 있다

걸칠 옷도 하나 없어
오들오들 떨며
고통을 참는 시간 동안

꽁꽁 얼어붙은 자리로
나무는 뿌리를 내리고
대지를 꿈틀거리게 하여
봄을 채비시킨다

황량한 겨울
산새들 떠난 골 깊은 계곡.

누리장나무

조붓한 산길 양지바른 비탈에
홀로 선 누리장나무

무시로 지나가는 사람들 손에
부끄러워지지 않으려고
누린 내음 수줍게 풍기면서
후미진 비탈 위에 홀로 숨어
서 있다

가을이면 스스로
진저리를 치던 내음을 내보내고
하늘을 보고 꽃망울을 터트리어
보석 같은 열매를 남기고 진다

산행에서 만나는 것들

나무 밑동 그루터기
고목에 핀 꽃 호랑나비

조팝나무 붉나무 산감나무
누리장나무 아카시아나무
소나무 리기다소나무 헛개나무
아름드리참나무 생강나무

새알바위 병풍바위
방석바위 칼날바위

칡넝쿨 붉은 칡꽃 강아지풀
쓰르라미 산새 울음소리
사마귀 방아깨비 다람쥐 청설모 두더지
이름 없는 풀벌레 소리들

하릴없이 오르던 산행에서
이런 것들을 노상 만나왔다는 것을
예순, 이제 알았다.

제2부

별을 보며

낮달

어둠이 훤히 걷힌 아침
아직 미련이 많이 남았는지
낮달 그림자가

여태 잘 살아가는 날에
뒤숭숭하니 괜스레 깊은 상념에
빠지게 한다

밤내 별들이
우리에게 내려와서 하는 소리와
어둠 깊은 숲속에서 탄식하는
바람 소리를 끝점으로 하며
늘 기다리던 아침 하늘에
고고히 떠 있는 낮달.

마주 보기가 계면쩍은
눈빛을 애써 외면하고
서로의 상처들을 어루만져가며
희뿌연 하늘이 말끔하게 걷히길
기다린다

별을 보며

서산이 붉은 노을을 꽉 붙잡고
있는 동안 어둠이 깔리면

만날 밤하늘에 떠오를 별들을
마중하기 위해
일찌감치 저녁상을 물리고
멍석이 깔린 마당 한가운데
모깃불을 지피고 둘러앉았다

형언할 수 없는 황홀한 은하수까지
신비롭게 비추고 있는 셀 수 없는 별들
우리가 그 별들을 바라보고 있는 동안
그 별들도 우리를 바라보고
우리가 그 별들을 찾고 있는 시간 동안
그 별들도 우리를 찾고

우주의 가장자리에서
우리만 있는 줄 알고 호들갑 떠는 교만
수없는 별들의 무리가 우리를 항상
지켜보고 있다는 걸 알고는
계면쩍어졌다

너를 기다리며

누군가를 만나려 기다리는 것
그거 하나만이
간절한 소원의 전부이었고
더는 바랄 거 없는
소원의 종착점이라 여겨
그 뒤로 예정된 선 하나를 그어놓고
스스로 그 의식 속에 갇혔다.

오랜 기다림은 늘
생명과 소멸의 사이에 머물게 하고
어떤 날은 온종일
석양이 바다를 온통 붉게 물들일 때까지
바닷가를 서성이게 했다

바람 소리

지척에서 나는
흐느끼는 소리를 애써 외면한다
멀어서 못 보는 것이 아니라
서로 보기가 계면쩍어서 그런 거다

소낙비 소리에
묻혀 가는 울음소리
그리운 한 사람을 찾아가는 발걸음에
질척대는 길거리가 야속하다

누구를 찾아가며 사는 것
살아가는 것 모두가 그때는
잉태를 향한 몸짓이었지

애절함이 묻어나는 오랜 갈증에
예민해진 공간을 나누는 바람 소리
밤은 고독을 앞세우고
혼자 있기를 망설이게 한다

여름

산봉우리는 하늘에 닿을 듯
초록빛 녹음이 우거진 계곡
풀잎에 맺힌 이슬방울이
아침 빛살에 영롱하고

인기척에
산새가 날아오르는 깊은 산중에
실개울에 흐르는 물소리와
이름 없는 풀벌레 울음소리가
가득하다

녹음 짙은 산 아래로
아득한 오솔길에 느릿한 인적.
산골 마을 너와 지붕 굴뚝 위로
연기 피어오르고

스치고 가는 바람
산그늘 드리운 개울가에 물결은
발아래 먼 곳을 향해 시작하고
하늘 위에는 흩어지는 인연 같은
실구름이 떠가고 있다

청춘예찬

이제 막 물이 오르는
나뭇가지 끝으로
청아한 연둣빛을 머금고
피어오른 새싹은
가을에 땅에 떨어져 서걱대는
낙엽을 상상하지 않는다

초록이 웃자라
청아한 하늘 아래 온 세상을
단풍으로 곱게 물들이고
나무 끝에
대롱거리던 잎새 하나마저
가을비에 떨어질 때까지
푸근한 산 가득한 푸른 나뭇잎마다
청아한 물방울 머금은 채
그곳에 머물기를 갈망한다

나도 가고 싶은 만큼 가서
발길 머문 곳에 그대로 남겨지기를 바란다.

파도

밤내 으르렁거리던 파도가
아침이 되어 바위에 부딪혀
하얀 포말이 되고 있다

검푸른 바다 외딴섬
태풍으로 흰 거품 머금고 밀려온
파도는
절벽 위에 아찔하게 서 있는
등대를 휘감아 돌며
늘 뱃길 나서는 어부들을
긴장하게 한다

거친 파도는
강한 어부를 만들어가고
뱃길을 열어 밤바다 하늘 위에
불을 밝히게 한다

가을 들녘에 서서

가을걷이가 끝나가는
계절의 끝자락에 서서
기억이 가뭇하기 전에
지난날들을 뒤돌아보며
단풍 고운 아스라한 풍경을
그려놓는다

먼 산 구릉에
은빛 억새는 바람이 불면
저절로 누워 바람에 씨앗을
날리고

여름날 꽃밭에서
홀로 도도한 나리꽃도
잔디밭에서는
뽑혀야 하는 잡초인 것을…

가을

돌담 집 지붕
보름달같이 부풀어 오른
호박 위에 가을 잠자리가
앉아서 쉬고 있고

서쪽 들판으로
아슴아슴 지는 해처럼
붉게 물든 초로의 가슴을
웅숭깊게 한다

계절이 윤회하듯 돌아와도
꼭 닫힌 서로의 마음을
열지 않은 짧은 시간 속에서

밤하늘에는
쌀쌀한 날씨에 창백해진 별빛이
구름에 숨어가고 있고

비같이 쏟아지는 노랑 은행잎만이
가을의 정취 속에 머물게 한다

겨울 풍경화

간이역을 지나는
철길 따라 얼음 호수에
천둥오리가 자맥질하고

단풍이 진
겨울 산 중턱에 자작나무
은빛 줄기들이 차가운
하늘로 뻗어 오르고 있다

계절이 순환하면서 잃어버린
시간들이 산봉우리를 넘어가는
노을을 멈춰 세우고

살면서
뭉클했던 이야기를 실은
겨울바람이
애먼 나뭇가지를 흔들고 있다

늦여름 밤

늦여름 밤
멀리 물가에 개구리 울음소리가
한지 창문을 뚫고 들어와 천정을
울리고 있다

한낮 물 표면에서
뿌리가 환하게 보이던
개구리밥

여름이 가고
논두렁 늪이 차가워지면
물 위에 뜬 몇 잎 푸른 그늘도
사라진다

여름 더디 가게 하려고
한층 가까워진 귀뚜라미 울음소리를
외면하고 있다.

봄비

냇물이 되어 흘러갔던
빗물이 되돌아와
봄비로 대지를 적시고

여백을 채우며
기지개를 켜고 있는 대지 위로
금낭화 붉은 꽃잎에 매달려
떨어진 빗방울이 작은 고랑을
만들고 있다

한바탕 돌개바람이
연초록 산정으로 연무를
몰고 가는 봄날
작은 소망으로 피운 꽃잎을
적시고 있다

산이 말하는 거

늘 오고 가던 조붓한 산길에서
산이 바람으로 내게 말하는
작은 소리를 듣는다

풀벌레 울음소리
산새들 푸드덕 나는 소리
멀리 산등성이에서
불어오는 바람 소리는
지난날 그리움을 싣고 오고

막연하게 눈에 들어오는 풍광이
내 것이라도 된 양 잠시나마
부자가 된 착각에 빠진다

산정으로 구름 그늘이 지고
노을이 하늘을 붉게 물들이는
거대한 축제를 매양 즐기고 있다

작은 새

작은 새 한 마리가
덤불 속 둥지를 갓 나와서
날갯짓으로 차고 올라
작은 날개에 온 하늘을 이고서
날아가고 있다

흰구름과 하늘을 휘돌던 바람과
지나가던 비행선을 날갯짓으로
흔들어 대다가

하늘에 떠 있던 것들이
무대 장막 같은 서녘 노을에
모두 스며드는
해 질 녘에야 파동을 멈춘다

그사이 지구를 향해 물결치던
짙푸른 하늘도 어둠에 잠기고
성글게 별이 뜨고 있다

제3부

열린 문을 찾아서

감사

우리가 잉태되기도 전에
선택된 자로 삼아주고
육신으로 이 땅에 와
스스로 희생이 되어서
죄로부터 자유를 주었다

우리가 어디에 있든
끝까지 놔두지 않고
슬픔과 아픔을 어루만져주고
스스로 등불 되어 어두운 길을
비춰 주고

우리는 살아가는 동안
그가 계획하고 언약한 대로
그의 영광에 의지하여
죽어도 영원히 사는
하늘을 유산(遺産)으로 받았다

육신의 부모도
집 떠났던 자식이 돌아올 때면
맨발로 서성거리듯
그는 이보다 몇 곱절로
애타게 우리를 기다리고 있다

열린 문을 찾아서

캄캄한 어둠 미로 속에서
열린 문 하나 찾으려고
헤매다가 겨우
몸 하나 빠져 나갈 만한 쪽문
하나를 찾았다

미지의 공간 속에서
나 혼자 고독하지 않으려
벌거벗겨진 지식으로
누구를 만나는 것도
의미 없는 일이 되었다

모두가 결국은
비루한 몰골로 남겨진다
그런 모습으로 띄엄띄엄
걸어가고 있는 군상들

멀리서 조용히 와 닿는
쪽배 하나가 돌아갈 수 있는
유일한 수단인 것을 알고서
세상에 사는 동안 아주 작은
밀알 하나를 심기로 했다

믿음[believe]

그가 이 세상을 창조하였다

갈 길을 잃은 세상을
가엾게 여겨
그의 아들 예수 그리스도를
이 땅에 사람으로 보내서
흠 없이 제물이 되게 하고
십자가에 희생시켜서 사람들의
모든 죄를 감당하게 하였다

그 대가로 인류가 아들의 이름으로
구원을 얻게 하고
이 땅에서 사는 동안 에덴에서부터 시작된
뱀의 멍에로부터 자유하게 하였다

이것이 진리고
진리를 증거하고 지키는 것이다

성경이야기 4
— 믿음으로 하나님의 세상을 보다

예수가 메시야이고 살아있다는 증거를 보이라 하니 에둘러 말할 수가 없어 성경을 근거로 말한다

예수는 하나님으로 성령으로 잉태되어 인간의 몸을 입고 유대 지파 다윗의 자손으로 이 땅에 왔다
그 시대의 제사장들에게 크고 작은 제물을 돈으로 사야 하는 거짓과 위선 물질적 죄 사함과 구원에 대한 질책을 하고 하나님을 아버지라고 부른 신성 모독으로 모든 사람의 죄를 짊어지고 스스로 십자가에 희생되고 삼일 후에 부활했다
이것을 믿는 것이 기독교이고 믿음은 예수를 만나야 성장한다
바울이나 어거스틴도 예수를 만나고 회심을 했다

예수는 성령의 도움으로 환상이나 꿈, 음성, 성경을 통해서 만나게 된다
믿음은 바라는 것들의 실상이요 보이지 않는 것들의 증거니, 믿음으로 모든 세계가 하나님의 말씀으로 지어진 줄을 우리가 알게 된다

이천년 전 요한이 밧모 섬에 유배 중에 예수가 부활 후 다시 올 시대의 현상에 대한 계시를 한다

먼저 사람의 오른손이나 이마에 666 표를 받으니 짐승의 숫자라 이 표 없이는 매매를 못하게 되니, 이것은 앞으로 시대에 사람의 몸에 이식하는 칩을 말하는 것이고

두 번째 말들의 머리는 사자머리 같고 그 입에서 불과 연기와 유황이 나오더라, 이것은 인류 최후의 아마겟돈 전쟁 때 미사일이나 탱크를 이천 년 전에 요한이 환상으로 보고 당시에 서술할 수 있는 방법대로 적은 것이다

성경은 하나님이 성령으로 사람을 통해 적은 것이다 예수를 만나는 사람이 되어야 한다

천국은 내가 가려고 하여 가는 게 아니고 하나님이 주신 선물이고 예수의 강권적 구원역사에 의해서 갈 수 있다

어떤 전쟁

갑자기 소낙비다
젊은 아낙이 황급히 유모차를 밀며 뛰어가고
어린 딸아이가 종종히 따라 뛰어가고 있다
한바탕 바깥 소동을 아랑곳하지 않고 유모차에
갓난아기가 곤히 잠들어 있다

우주가 그렇다
우주 멀리에서는 조물주와 타락한 천사의 전쟁은
처음부터 계속 이어져 오고 있고
정해진 그날에 다다를 때까지 큰 소동은
잠잠해질 조짐이 없다
이 전쟁이 멈출 날까지 지구에서 우리는
도통 모른 채 편히들 살아가고 있다

작은 소망 하나

승자가 되기 위한
투쟁의 목마름으로부터 내 삶이
자유로워지는 날
노상 버거웠던 짐들을 다 내려놓고
지치고 분주했던 몸과 마음을
그의 품 안에서 쉬게 하고 싶다

소박한 일상들이 전부가 되는
그런 시간이 연속되는 순간에서
뭔가 손에 닿는 거 하나만으로
살아있음을 알게 되고
기쁨을 얻는다.

갈림길

고단한 겨우살이 끝자락
말간 햇살에 꽁꽁 얼어붙었던
대지가 수런거리고 있다

계절이 순환되는 동안
갈림길에서 먼저
좁은 길과 평탄한 길 중에서
높아짐과 낮아짐을
선택해야 하고

이 땅에서
스스로 바벨탑을 쌓아 하늘에
닿는 것과 낮은 자 편에서
십자가 의지하며 그의 인도 따라
가는 것을 선택해야 한다

앞에서 나를 부르는 소리.
사람이 자기 고민으로
좁은 문이 열리지 않는다

사람이 마음으로 믿어

최초의 아담이 뱀의 유혹으로
하나님을 거부하고 따라간 원죄로 인해
구원을 받지 못했다
하나님이 이를 불쌍히 여기고 성령으로
여자의 몸을 통해 이 땅에 아들을 보냈고
흠 없는 몸으로
사람들의 모든 죄를 모두 짊어지고 가는
대속 제물로 십자가에 희생시키므로
사람들의 모든 죄를 해결하고 천국에
이를 수 있게 하였다

이것을
마음으로 깨닫고
예수가 우리의 구세주인 것을
입으로 고백하는 것이 믿음이고
구원이다

시간 창조

해와 달과 별은
낮과 밤을 구별하여
시간을 나누기 위함이고

시간이 더해지면 한 날이 되고
한 달이 되고 한 년이 되게 하여
날수를 헤게 하였다

시간은 약속을 의미하는 거다
창조주가 시간을 정하고
날을 정하여 둔 것은
첫날부터 아담의 타락을 알았고

선악 과실을 탐하여
아담이 뱀의 유혹으로 죄를 범한
그날부터
날수를 세어 사탄의 날을 잠시 허락하고
끝 날을 기다리고 있는 거다

아버지의 기도

아침저녁으로 기도하고
길 가면서도,
자다 깨어나면 무시로
기도했다

나를 대신 거두고 딸이 숨 쉬게 하소서

주께서
아비의 애달픈 기도를
안쓰럽게 보았는지
깨어났다

자유

창조주가 자기 형상대로
사람을 만들 때 먼저 자유를
주었다

사람은 로봇이 아니다
그의 뜻대로
그를 믿고 따르는 것이 아니라
자기 의지로 한다

사람은 자기 자유로
선악과를 취하였고 죄를 짓게 되어
에덴에서 추방되었다

그러나
사람들 모두가 자신의 자유의지로
그를 선택하고 믿게 되는 시간 동안을
기다리고 있다

장마

며칠째
물을 퍼붓듯 비가 내린다

비가 멈추기를 기다리며
유리창으로 흐르는 빗방울이
얼룩이 되었다 지워지기를
반복되는 동안
그리움의 가슴앓이로 생긴 통증이
더해진다

장마 중에
가을걷이 걱정을 하고
이따금 고즈넉한 강가에서
가슴 저미는 사연을
시간 따라 정리하여 강물에
띄워 보내며

가뭇해진 기억들을
잔상의 얼룩으로 남지 않게 하고
새로 잉태되는 것들을 위하여
기도한다

천국의 계단

에덴에서
아담이 선악과를 먹은 후
우리에게
죄의 영이 들어와 사망하게 되었다

우리가
예수를 영접하여 성령이 임했고
하나님 양자 되는 권리를 얻으므로
우리 안에 죄의 영이 떠나고
자유를 얻었다

양자 된 우리는 마땅히
천국의 계단을 오를 수 있게 된 거고
아버지 집에
들어가는 우리를 무슨 이유로도
훼방할 게 없는 거다

제4부

시계 바늘

시계 바늘

시계 바늘이 허공을 돌아
제자리로 찾아 드는 밤
화롯가로 둘러앉아
미지의 세계에 대한 동경과
두런두런
눈물 그렁한 이야기들을 하고

그간 말 한마디라도
경솔하게 뱉어낸 건 아닌지
그나저나
남모르는 수 없는 부끄러움에
가슴이 들숨 날숨 하다

벽에 시계 바늘은
이슥한 밤을 향해 질주하다
그새 어둑해진
어둠 깊은 곳 언저리에서 머뭇거리고

지나간 시간 흔적들은
촘촘히 째깍거리는
시계 바늘에 매달려서
허공 속을 떠가고 있다.

버스 안에서

살짝 풀어진 여인의 옷자락
가슴골을 사이에 두고 봉긋 오른
몽실한 가슴으로 눈길이 머문다

사내의 눈길에 아랑곳하지 않는
여인의 태연한 모습에
오히려 보는 이가 당혹스럽다
아기는 여인의 가슴을
탐스러운 열매로 보지만
초로의 나이에 눈길이 가는 건
정열이 아직 많이 있다는 거다

뽀얀 살결에 정신이 혼미하다
반쯤 열린 단추를 마저 풀고 싶은 충동에
손길이 갈까 두렵다
그런 옷매무새로 어디까지 가는 건지
물어봐야 하는 건가

벽시계

괘종시계가 들어온 후
집 내 일상이 변했다

홰 소리에 시작되던 하루가
시간마다 울려주는 괘종소리에
맞춰졌고

해그림자를 보고
점심을 보채던 아이는
시곗바늘이 정오를 가리키기를
툇마루에서 온종일 벽에 걸린
시계를 바라만 보았다

마당에 깔아 놓은 멍석 위에서
바라보던 은하수 별빛
주판을 배우러 다니던 마실 길에
여름밤 이슬도
괘종소리에 맞춰 멈춰졌다

새벽길

날품 팔러 가는 새벽길 줄이 길다
어디선가 달려온 봉고 트럭이 흥정이 끝난
몇 사람을 싣고 쏜살같이 사라지고
운수 없는 사람들 덩그러니 남겨진다
새벽이라 뒤돌아 갈 곳 마땅치 않은
사람들의 어깨가 축 늘어졌다
모두가 소슬해지는 늦가을 어느
인력시장 아침 풍경이다

콘크리트 틈으로 꽃이 피었다
바위에 소나무가 뿌리를 내렸다
돌밭에 새싹이 움터 오른다
위태로운 갈림길에서도
엇나감 없이 오롯이 살아가는 사람들
이젠 신이 그들을
가엾게 여길 때가 되었다.

악몽

밤내 가위에 눌려
이불 위로 식은땀이 흥건해졌다
한참 어떤 사람과 함께 차를 타고
가다 깨어보니
수 년 전에 세상을 등진 사람이다
암이 재발된 후로
종종 악몽에 시달린다

낯선 사람이 방으로 들어와서
시퍼런 검으로 잠자는 나를 내리쳐서
소스라치며 깨어났다
암이 또 전이되었다는 말을 듣고서다
두려워하는 만큼
온종일 마왕이 공포를 조장한다

이런 것 모두,
살아오면서 삶과 죽음이
정해진 운명의 한 틀인 것을
순응하지 않으려는
욕심이 악몽을 불러들인다.

어둠을 지우면

어둠을 지우면
햇살 가득 안은 아침이 온다

조물주가 정한 대로
어둠과 아침이 반복되는 사이
밤을 지우고 아침을 그리는
반복된 순리는
우주의 거대한 힘도
하늘이 처음 정한 시간대로
이동되고 있다

어둠 속은
막연히 두려운 공간이 아니고
새로운 것에 부푼 준비를 하는
기다리는 공간이다.

오솔길

가을걷이가 끝난
겨울 문턱 오솔길에
비가 내린다

나무 끝에 대롱 매달려 있던
단풍잎들마저 떨어져
길섶을 가득 덮은 인적 없는
오솔길
홀로 빗물이 내게
전하는 소리를 듣는다

더 외로워야만
비어있는 가슴 작은 공간으로
흐르는 빗물이 전하는 소리가
들리려나 늘
허기진 공간 속에서 고뇌가 깊었다

어릴 적 울리던 산골 마을
새벽
교회당 종소리가 그립다.

겨울밤에

화롯불의 재가
껌뻑이며 식어가는 겨울밤
모진 추위에 달빛이 시리고
별도 차갑다
돌담을 올라타고 밤내 우는
길 잃은 고양이 울음소리가
애절하게 들리고
들창문 문풍지가 바람에 운다
초가집 성긴 고드름이
떨어진 그대로 얼어붙어
탑이 되어버린 추녀 끝에 마당
바람에
빗장을 걸어 놓은 대문이
덜컹거리는 소리
눈이 내려
길이 막힌 산골 마을에서
언제 올지 모르는 버스를
기다리고 있다

길고양이

한겨울을 눈밭에서
웅숭그리던 길고양이가
길모퉁이부터 경계를 풀고
따라오고 있다

뒤돌아보면 멈춰 서고
걸어가면 따라오길 반복하며
저와 함께 가자는 눈빛이
애절하다

어떤 날
제 끼니에 먹지 못한
홀쭉한 배가 마음을
아프게 하더니

담장 높은 곳에서
한참 동안 울어대는 소리가
발걸음을 무겁게 한다

꿈속에서

세모 네모 동그라미가
서로 교차되며 순서 없이 시나브로
자리를 잡아 가며 채워지다가

지붕이 날아갈 듯 부는 바람에
창이 흔들리고 고목이 넘어진다

갑자기 지진이 나고 화산이 분출하여
어디론가 무작정 도망하고 쫓기다가
누군가 도움을 받고서야 깨어나고

또 입대하여 철조망을 통과하고
탈영하다가 발이 떨어지지 않아
발만 동동 구르다가

뜬금없이 연속적으로 뒤따르는 그림자를
발에서 떼어 보려다 주저앉아 운다

내 그림자

풀섶에 발등이 흠뻑 젖는 새벽
별빛에 따라나선 내 그림자가
이슥한 밤 귀갓길 달빛에 그려진 대로
대문 안까지 따라 들어온다

발밑에 바싹 붙어 온종일 다니고도
나와의 인연이 천년이던가 먼 길
발 닿는 곳 어디까지도 볼멘소리 없이
따라오고

좌우가 바뀐
거울 속에 비친 나의 전신 뒤에 숨어
따라 바꾸고 있다

혼쭐 놓고 살아온 것들
욕망 따라 살아온 나의 지난
흔적들 뒤를 따라오고 있다.

어떤 오해

지나가다 들른 외갓집
몇 해 동안 돌봐준 길고양이가
집 문 앞에
쥐를 잡아놓고 간다고 소란이다

고양이는 귀한 먹이를
고맙다고 가져다주는 거고
사람은
혐오스러움에 소스라치는 거다

누구에게
무엇을 줘야 할 때는 상대방이
오해가 없도록 해야 한다

이천이십 년

한 코로나로 인해
마스크가 귀한 대접을
받고 있다

마스크를 구하려는 사람들이
약국 길가에
줄을 이어서 서 있고

비행기 길이 끊겨서
오도 가도 못하는
타국에 있는 딸아이에게
마스크를 보내고 오는 길이다

휑한 이 거리를
좁혀줄 일상이 그립다

횡설수설

목로주점
술잔을 앞에 두고 변증이 부족한
얕은 지식으로 목청을 돋우며
민주주의를 떠들고

과음에서 오는 두통
늦은 시간
지각한 지하철에서 졸다가
종점까지 가는 것이 습관처럼
되었다

한잔 술과 주절주절
쏟아지는 핀잔과 민망함에
약속을 종종 허공에 둔 채
핑계를 찾고

포장마차에서 만난 친구와
그간 이야기를 하다가
이슥한 밤하늘 전봇대에 걸린
달에 비친 고향 집을 보았다

제5부

꽃을 피우다

계단

처음에 산보하듯 오른 계단이었는데
오르다 보니 가파른 길 끝 오르기만 하였다
행여 너무 높이 오른 것 아닌가 되묻는 사이
절벽 아래 바람이 세차다
돌아갈 곳이 아득한 건너편 계곡에
오래된 구름다리를 바람이 잡아채듯
흔들어 대고 있다

산책길에 계단이 있거든
발이 닿을 때마다
길 한번 묻고 가다가 쉬어가고
모두가 바람에 흩어지는
산골 초가집 굴뚝 연기처럼
흩어지면 잊혀져가는 것
지금 있는 곳에 흔적을 남기지 마오.

꽃을 피우다

푸름이 우거진 초록의 길목
녹음 가득한 산 길섶으로
옥잠화 원추리 넝쿨 장미가
만발하였다

꽃은 언제 보아도
그저 예쁘고 아름답다

신은 자기 모습으로 사람을 만들고
자기 마음을 꽃으로 만들어 놓았다

온종일 꽃들을
모양대로 마름질하여 피게 하고
꿈속에서도 꽃만 보고 있는
그대, 마음은 항상 기쁨이
가득하겠다

꽃은 사람을 향한 신의 사랑이고
사람이 세상에서 꽃을 피운다.

나는 지금

어둠이 짙어지기를 기다려
별을 헨다.

짙은 어둠속에서 빛은
잉태와 산고를 반복하고

유난히 밝은 빛 뒤편에는
진한 어둠이 깔려있다.

어둠이 짙어져야만 먼 하늘
작은 별을 찾아갈 수 있지

어쩌면 내가 떠나 왔던 그 별
지구 별로 잠시 왔다가
돌아가야 할 별을 찾지 못해
헤매고 있는 중이다.

넋두리

인고의 시간 중에서 넋두리하듯
무심히 내뱉는 한마디 고백은
그대로 신앙이 된다

덩그런 그루터기 동구 밖을
홀로 서성이다 돌연히
뼛속까지 스며드는 외로움에
진저리치고

누군가에게 무엇 하나라도
남기고 싶은 가뭇한 마음에
주저하며 손을 내민다

다들 그 자리에서 고인돌이 되는
너덜너덜해진 세월의 자국
옷섶을 여미며 그간 우연히 맺은
인연들을 지우며 간다

바람이 전하는 거

목젖이 드러날 때까지
바람이 내 목을 젖혀 놓았다

시비곡절에 오롯한 마음
할 말을 하자는데
바람은 세차게 불어댄다

소소한 일상의 작은 일들
말 한마디까지 간섭하냐 하니까
바람이 내게 전한다

어둠을 벗기고 오는
잠잠한 아침같이
고요한 것이 낫다고.

이름도 인연 같은 거

겨울 강바람에 흩날리는
낙엽같이 가벼운 이름도
세상에 와서 만나는
인연 같은 거

세월은 한숨을 크게 하고
이마에 주름이 늘어가니
무엇 하나 성급하지 않은 것이
없지마는

이름도 한날 흩어지는
깃털 구름 같은 인연으로
잠시 이 땅에서
같이 머물다 가는 거

깨알 글씨로 남긴 글 한 줄 속에
흔적으로만 묻어두는 그런 이름 하나
남기려 애쓰지 마오

하얀 나비

창밖은 살을 에는 바람
갈 길 잃은 하얀 나비가
거실로 들어와 날고 있다
이러지도 저러지도 못하다
창문 열어 밖으로 날아가게 했다
어디로 날든지 밖으로 가는 것이
나을까 싶어서다
하얀 나비 꿈이
행운이 있다 하여 잠깐이나마
길 잃은 나비를 채집하려던 생각이
계면쩍다
이런 것도 사람의 탐심으로
비치려나
공간이동 중에 길을 잃고
애처롭게 나는 모습이 안쓰러워
날려 보내기는 했지만
밖에 바람이 몹시 차갑다.

가면

누구나
가면 하나씩 가지고 살아간다

가면은
자기 모욕감에서 벗어나
책임을 외면하려는
무의식적 보호 본능에서
자기 상처의 원론적 해결보다 회피를
정당화하려는 수단이다

미움과 가여움을 함께 숨겨서
평범한 것을 성기게 하기보다는
복잡한 삶을 간결하게 해주고
자기를 숨기는 것이 아니라
보호하려는 거다

겨울비

도시는 늘 소란하다
유리창에 흘러내리는 겨울비가
겨우 남은 가을마저 소멸시키고
자동차 하나가 경적을 울리며
바쁘게 가고 있다

비 내리는 창가 안쪽에서
서로 다독이는 동안에도
미안하다고
연신 눈물을 훔쳐가면서
헤어지는 두 모녀의 모습이
마음 아프다

모녀 관계는 서로 속죄가
존재하지 않는다
그냥 큰 우주의 한쪽 공간에서
하나로 존재하며 묻혀 가는
인연이다

헤어짐과 만남은 누구에게나
횟수가 거듭되면서 짙어지는
상처로만 남는 거다

낙서

누군가 담벼락에 빼곡히
낙서해 놓았다

해거름에 허기진 사람들이
담벼락에 기대고 간신히 써놓은
세상을 향한 바람과
철딱서니 없는 젊은이들의
잡스럽고 자유분방한 인생이
서로 다른 조화로
모자이크 그림같이 그려 있다

담장이 허물기 전에
지나가는 사람에게 거울이 되고
한편에서는 가슴이 벅차오르는
따스한 낙서를 보고 싶다

삶의 경계

어둑한 저녁
찻길로 고라니가 뛰어들어
급정차했다
시골길에서 사람과 동물이
함께 놀라는 일이 다반사다

삶과 죽음의 경계는 촉감이다
아직 내 손에 그대를 느낀다면
서로가 아직은 삶의 길이요
어느 날 서로의 손끝에
만져지는 느낌이 없으면 삶의 경계를
넘은 거다

살아가는 동안
서로의 인연을 소중히 여기고
손을 꼭 잡고 가는 거다

시간 속에서

시간은 기다림이다
기다림은 순간이고 지나면
헛된 꿈이라 해도 새로운 것에
속없이 홀로 설렌다

작은 거 하나도 쉽게 거절 못하는
욕심에 스스로 취하여
잠시 머무는 곳이 타인의 공간임을
분별하지 못하는 지루한 시간

본능이 반복적으로 새로운 것을
만들고 있다

무엇이든 지나면 그리움이 된다
선뜻 나서지 않은 변명은
오도 가도 못하여 머무는 동안
짙은 그리움이 되고
멈추어버린 시간 속에서
그대, 기다리고 있다

인생에서 연습은 없다

눈길 사고에
레커차들이 분주히 달려가고
차 안에서 막힌 길이 열리기만
마냥 기다리고 있다

인생에서 연습은 없다
지금 시간이 흔적이 되고
곧바로 자기 역사가 되어
남는 것

매 순간 흔적이
각자의 기억으로 차곡히 쌓여
뒤안길로 가는 거다

인연

먼 길 돌아온 소식에
그간 애끓던 마음으로
밀려드는 그리움

신기루 같은 것도
반복되면 가슴에 여울지고

이런 시간들이
모두 되돌아가는 것이
내 곁에 머물러 있는 것보다
더 큰 아픔이 된다

하지만 어떤 인연보다도
내가 소중하다는 거
그대, 우리는 처음부터 그런 거
아니었나 보다

척박진 울타리에
서로 얽히며 올라간
담쟁이 넝쿨에서 의미를 찾고

함께 가기가 버거워 서로 외면한
한여름 기억이 푸른 그리움으로
얼룩지고 있다

산길에서

깊은 산중, 순식간에
어둠이 깔리면서 길을 잃었다
초행길에 너무 멀리 온
탓이다

산을 구르며
숲을 가르는 겨울바람 소리
낙엽 위에 눈이 덮인 산중에서
돌아갈 길을 찾는 것이
쉽지가 않다

이른 저녁이라 성긴 별도 없는
어둑한 산을 더듬거리며
내려오는 동안, 산짐승들 울음소리에
소스라치고
어슴푸레 산마을에 불빛이
보일 때까지 덩그러니 혼자라는
두려움과 북받치는 서러움.

길은 떠나올 때부터 돌아갈 것을
기억해 두어야 한다

절대자의 사랑과
토속적 정취로 가꾸는 시의 꽃밭

— 김휘열 제4시집 『시계 바늘』에 대한 해설

최 병 영 (시인, 문학평론가)

1. 순수서정으로 구현한 시의 형상화와 본연적 심미성

시는 특별한 영감(靈感)의 발현이다. 시대를 초월하여 감미롭게 향기를 지피는 작품 중에 평범한 인식과 사유로 창작된 작품은 없다. 시는 특이하고 기발한 상상력의 반열에서 함축과 은유와 상징을 기반으로 구축된다. 여기에서 함축(含蓄)은 의미가 겉으로 드러나지 않고 글 속에 내재(內在)하는 표현법으로 과감한 압축과 생략의 기법에 의해 형성된다. 은유(隱喩)는 가장 활용성이 드높은 비유법으로서 행동이나 개념, 물체 등을 그와 유사한 성질을 지닌 다른 말로 대체하는 간접적이고 암시적인 메타포(Metaphor)를 말한다. 상징(象徵)은 추상적인 사실이나 생각, 느낌 따위를 대표성을 지닌 기호나 구체적인 사물로 표현하는 시적 기법이다. 이들이 시에 있어 일정한 규칙에 의한 음의 장단과 강약 등의 흐름으로 구현되는 시적 리듬(Rhythm) 및 사물에 대하여 마음에 떠오르는 직관적인 인상을 주조로 하는 이미지(Image) 등과 결합되어 시로 형상화(形象化)된다.

김휘열 시인의 제4시집 『시계 바늘』은 꽃과 계절을 비롯하여 자연의 순리와 절대자에 대한 염원 및 찬양을 주조로 하여 입체적으로 그려지고 있다. 김휘열 시인의 작품에는 행간에 애틋한 그리움과 따뜻하고 온유한 인간적 정서가 스며있다. 김휘열 시인은 메마르고 척박한 현실세계에 꽃과 나무를 계절별로 질서 있고 아름답게 펼쳐놓음으로써 서정적 정서를 강화한다. 이는 뛰어난 화가가 화선지에 그려놓은 화첩의 수묵화(水墨畵)처럼 고요하고 담백하며 그윽하고 순연한 특징을 보인다. 김휘열 시인은 현란한 기교나 수사(修辭)의 현학적 시보다 진솔하고 정갈하며 정적인 세계의 시심을 추구한다. 그는 맑고 정갈하며 간결한 구상과 언어로 삶의 괴로움과 고통보다는 시인이 살고 있는 현실세계의 속살을 진솔하고 감각적으로 명징(明澄)하게 구상화(構想化)한다.

시계 바늘이 허공을 돌아
제자리로 찾아 드는 밤
화롯가로 둘러앉아
미지의 세계에 대한 동경과
두런두런
눈물 그렁한 이야기들을 하고

그간 말 한마디라도
경솔하게 뱉어낸 건 아닌지
그나저나

남모르는 수없는 부끄러움에
가슴이 들숨 날숨 하다

벽에 시계 바늘은
이슥한 밤을 향해 질주하다
그새 어둑해진
어둠 깊은 곳 언저리에서 머뭇거리고

지나간 시간 흔적들은
촘촘히 째깍거리는
시계 바늘에 매달려서
허공 속을 떠가고 있다.

—「시계 바늘」 전문

김휘열 시인의 제4시집 『시계 바늘』의 표제시(標題詩)이다. 이 작품에서는 고즈넉한 밤에 따뜻이 화롯불 피워 놓고 정담을 나누는 오래 전 아늑한 시골정경이 한 폭의 수채화처럼 펼쳐진다. 이들이 도란도란 나누는 이야기는 체험해보지 않은 미지(未知)의 세계에 대한 호기심과 동경이 주조를 이루며 기쁘고 즐거운 화제(話題)보다는 슬프고 수심어린 이야기임을 알 수 있다. 시적화자는 이런 정경을 통하여 스스로의 시선과 의식을 내면화함으로써 보다 확연한 자아성찰(自我省察)의 계기를 마련한다. 살아온 날들을 돌아보면 감춰진 크고 작은 수많은 부끄러움이 인지된다. 지난날을 돌아보는 회억(回憶)과 반추(反芻)의 과정에서도 끊임없이 시간은 흐르고 밤은 점점 깊어져간다. 여기에서 '시계 바늘'은 시간의 흐름과 더불어

어두운 밤을 달려가다 때때로 주춤거리는 시적자아의 삶을 감정이입(感情移入) 수법으로 동일시하며 지난날을 추상(追想)하는 시적 매개체(媒介體)로 등장한다. 이 표제시는 곧 이어 놓인 시 「벽시계」와 대비되는데 이 작품에서 시계는 표제시의 시계와 달리 문명 및 생활의 변화를 주도하는 주체로서의 제재로 등장하고 있다. 일상적으로 자연의 질서와 변화에 맞추어 이루어지던 생활관습이 괘종시계가 들어옴으로써 모두 이에 맞춰져 진행되어지는 변화를 재치 있고 의미 있게 형상화하고 있다. 이 작품에서는 점심을 먹기 위해 애타게 시계 바늘을 바라보며 정오가 되기를 기다리는 천진난만하고 순결한 아이의 모습에 겹쳐져 마당에 깔아놓은 멍석에 앉아 은하수 별빛을 헤는 시골의 정경이 덧씌워진다. 신비로운 꿈과 동경에 젖어있거나 주산 배우러 가는 마실 길의 시각을 알려주는 시계의 기능이 시간여행 저편에 펼쳐지는 한 시대의 풍경처럼 선연하고 감칠맛 나게 그려지고 있다.

2. 다양한 꽃송이로 형상화한 입체적 내면의식과 사유의 심연

꽃은 꽃이라서 그 자체로 아름답고 향기롭다. 우리 선인들은 꽃에도 품계나 등급을 부여하길 즐겼는데, 이는 꽃의 아름다운 가치보다 꽃이 지닌 상징적 의미에 주목하여 결정한 것으로 이해된다. 조선 전기 시인인 강희안(姜希顔)은 꽃 중에서 뛰어난 운치와 절개를 상징하는 매화, 국화, 연꽃, 대나무를 1등급으로, 부귀를 의미하는 모란, 작약, 왜홍(倭紅), 파초를 2등급으로, 운치가 뛰어난 치자, 동백, 사계화(四季花), 종려, 만년송을 3등급으로, 화리(華梨), 소철, 서향화(瑞香花), 포도, 귤을 4등급으로, 석류, 도(挑), 해당화, 장미, 수양버들을 5등급으로, 진달래, 살구, 백일홍, 감, 오동을 6등급으로, 배, 정향, 목련, 앵두, 단풍을 7등급으로, 무궁화, 석죽, 옥잠화, 봉선화, 두충(杜冲)을 8등급으로, 해바라기, 전추라(翦秋羅), 금잔화, 석창포, 화양목을 9등급으로 분류하여 적시한 바 있다. 또한 15세기 원예 실용서인『양화소록』에서는 대표적인 꽃의 상징적 의미로 매화는 강산의 정신을 지니고 태고의 모습을 드러낸다 하였고, 국화는 혼연한 원기(元氣)가 그지없는 조화(造花)라 하였으며, 연꽃은 깨끗한 병속에 담긴 가을물, 비 갠 맑은 하늘의 달빛, 봄볕과 함께 부는 바람이라 하고, 모란은 부귀영화를 상징하는 대표적 꽃으로 표현하고 있다.

김휘열 시인의 시집에 등장하는 꽃은 시적대상과 시적자아가 내면적이고 정서적으로 공유하고 있는 공통점, 어머니를 연상하는 비유의 대상, 황량한 계절과 환경을 극복하는 인고적(忍苦的) 생명체로서의 시적 의미에 초점이 모아지고 있다. 이는 모두 필요한 위치에서 작품의 가치와 질적 밀도를 고취하고 주제를 효율적으로 강화하는 기능을 수행하고 있다.

사람 중에도
자기의 유익을 셈하지 못하고
순전히 남을 위해 살다가 가는
더러 꽃 같은 사람이 있다

처음부터도 꽃은 자기를 위해

피어난 것이 아니었고
더러 꽃 같은 그 사람도 남을 위해
살다가 오라고 했다

―「나의 화원」 부분

들고양이 숨어 우는
돌담 사이로 사기그릇같이
달이 차오르면

밤내 차가운 달빛에 목욕을 하고
아침이면 시무룩 시들어버리는
달 바라기 꽃

― 달맞이꽃」 부분

바람 소리 따라 애처롭게
숨을 고르고 있다

걸칠 옷도 하나 없어
오들오들 떨며
고통을 참는 시간 동안

꽁꽁 얼어붙은 자리로
나무는 뿌리를 내리고
대지를 꿈틀거리게 하여
봄을 채비시킨다

―「겨울나무」 부분

위의 시에서 「나의 화원」은 시집 『시계 바늘』의 제2부를 대표하는 작품으로서 자기 자신의 이익보다는 남을 위해 헌신하고 봉사하는 꽃과 인간의 공통적 선행행위를 기리고 이를 찬양하는 시이다. 하나의 개체와 사물로서 꽃을 깊이 있게 응시하며 아름다운 그 속성과 가치를 축출하고 이를 작품으로 채화(採火)하여 시적 소재로 활용하는 시인으로서의 재능과 인식이 돋보인다. 시 「달맞이꽃」은 어느 봄날 어머니가 마실을 간 사이 고향집 대문에 들어서서 마주한 달맞이꽃을 감각적이고 사실적으로 묘사한 작품이다. 이에서 달맞이꽃이 지닌 개성적인 형상과 꽃의 속성에 천착(穿鑿)하여 이에 가치 있는 의미를 부여하고 시로 걸러내는 시인의 문학적 재능이 관심을 끈다. 이 작품에서는 '들고양이 숨어 우는 돌담'이나 '사기그릇같이 차오르는 달' 등의 감각적 표현에서 비유의 참신함과 효율적인 함축의 묘미가 눈길을 끈다. 작품 「겨울나무」는 황량한 계절에 산새 떠난 골 깊은 계곡에서 가지마다 하얗게 눈을 쓰고서 바람을 맞고 있는 앙상한 나목(裸木)의 모습을 형상화하고 있다. 자연의 순리가 그렇듯 꽁꽁 언 땅에 깊이 뿌리를 내리고 고통을 참으며 봄을 채비하는 나무의 의연함과 대견함을 찬탄에 찬 시선으로 응시하는 시적자아의 모습이 인상적으로 비쳐진다.

시집은 세상의 온갖 꽃들이 피어나는 드넓은 화원이다. 꽃은 시집 속에서 항시 자라고 피어나고 시든다. 지상의 모든 꽃들이 아름다운 것은 그것이 시들기 때문이고, 그 시듦 뒷면에서 맛있는 과육과 아름다운 향기를 품은 씨방을 맺기 때문이다. 퇴계 선생이 타계하기 직전에 마지막으로 남긴 말은 '저 매화나무에 물을 줘라'였다고 한다. 무릇 모든 씨앗은 썩어야 다시 살아난다. 썩지 않는 씨앗은 결코 꽃을 피울 수 없다.

3. 시적 대상에 대한 생명 존중과 인간적 휴머니즘의 발현(發現)

문학의 사회적 역할은 진실을 전달하는 것이다. 때문에 무엇을 쓰느냐 못지않게 어떻게 쓰는가는 매우 중요한 의미를 지닌다. 문학은 활자로 창조해내는 이미지의 집이다. 문학의 언어는 일반적 상용어보다 한결 고차원적이고 무르익은 것으로서 정서적인 언어와 순화된 언어로 구현된다. 문학은 본질이 있은 연후에 꾸밈으로 이행해야 한다. 헤밍웨이(Hemingway)는 '남에게 절대 받아쓰게 할 수 없는 것은 절대 없어지지 않는다.'고 했다. 문학이 바로 그러하다. 글은 예리한 시선으로 삶의 핵심을 통찰하여 구현해야 한다.

실존주의 사상가 사르트르(Sartre)는 "작가의 글쓰기가 독자에 의해 '읽기'로 전환되지 않으면 문학작품은 그저 종이 위에 박힌 검은 흔적일 뿐이다"라고 강조하였다. 이를 위해서는 기본적으로 쉽게 읽히는 시를 쓰는 일이 전제되어야 한다. 편안하고 안락한 의식으로 접근할 수 있는 시는 독자의 높은 가독성(可讀性)을 증대시켜 작품의 이해를 용이하게 한다. 그러기 위해서는 먼저 보편적이고 일반적이면서도 개성적인 시심과 더불어 언어에 대한 이해력 및 적절성이 우선되어야 한다. 시는 언어예술이다. 이와 관련하여 독일 철학자 하이데거(Heidegger)는 '언어는 존재의 집'이라고 강조하였다.

또한 로마 신학자 리처드(Richard)는 언어전달의 총체적 의미파악을 '말뜻, 느낌, 어조, 의도'의 네 가지로 분류하였다. 시인은 이성과 감성의 경계를 넘나드는 초월적 존재이다. 시심을 언어로 구상화하기 위해서 시인들은 확고한 의지로 언어의 샘을 파야 한다. 네덜란드 철학자 스피노자(Spinoza)는 '나는 깊게 파기 위하여 넓게 파기 시작했다'라고 술회한다. 언어의 샘을 깊게 파기 위해서는 우선 넓게 파는 전제적 안목과 판단력을 지녀야 한다. 넓게 시작하지 않으면 깊게 파는 것도 불가능하다. 언어를 내부 깊숙이 자기화하기 위해서는 좀 더 넓게 생각하고 다양한 시각으로 바라보며 조화로운 인식을 함유해야 한다. 해박한 언어의 마술사가 되어야 제대로 된 시인의 길을 걸을 수 있다

시가 우리의 고정화되고 굳어버린 인식을 깨뜨리고 자유로운 삶을 추구하는 인간정신의 발현이라 할 때 그것은 바로 일체의 억압과 권위로부터 자유와 자발을 획득하고자 하는 독립적 정신과도 상통한다.

창문 열어 밖으로 날아가게 했다
어디로 날든지 밖으로 가는 것이
나을까 싶어서다
하얀 나비 꿈이
행운이 있다 하여 잠깐이나마
길 잃은 나비를 채집하려던 생각이
계면쩍다
이런 것도 사람의 탐심으로
비치려나
공간이동 중에 길을 잃고

애처롭게 나는 모습이 안쓰러워
날려 보내기는 했지만
밖에 바람이 몹시 차갑다.

—「하얀 나비」 부분

뒤돌아보면 멈춰 서고
걸어가면 따라오길 반복하며
저와 함께 가자는 눈빛이
애절하다

어떤 날
제 끼니에 먹지 못한
홀쭉한 배가 마음을
아프게 하더니

담장 높은 곳에서
한참 동안 울어대는 소리가
발걸음을 무겁게 한다

—「길고양이」 부분

사람들의 어깨가 축 늘어졌다
모두가 소슬해지는 늦가을 어느
인력시장 아침 풍경이다

콘크리트 틈으로 꽃이 피었다
바위에 소나무가 뿌리를 내렸다

돌밭에 새싹이 움터 오른다
위태로운 갈림길에서도
엇나감 없이 오롯이 살아가는 사람들
이젠 신이 그들을
가엾게 여길 때가 되었다.

—「새벽길」 부분

위의 작품들은 모두 시적자아가 지닌 훈훈한 휴머니즘(Humanism)을 근간으로 하고 있는 공통점을 지닌다. 휴머니즘은 박애정신(博愛精神)을 바탕으로 인종, 국적, 종교의 차이를 초월하여 인류의 공존을 꾀하고 복지를 증진시키려는 사상을 말한다. 인간주의나 인본주의로도 해석할 수 있는 이 휴머니즘은 인간으로서 당연히 갖추어야할 자세로서 인간을 보다 인간답게 하기 위해 인간의 본성을 옹호하고 실현하려는 덕목이다. 위의 작품에서 시 「하얀 나비」와 「길고양이」는 시의 화소(話素)를 이끄는 주체가 곤충과 동물이라는 점에서 공통된다. 이들 작품은 시의 계절적 배경을 겨울로 설정하고 있는 점에서도 합치한다. 작품 「하얀 나비」는 한겨울에 하얀 나비가 길을 잃고 거실로 날아들며 비롯된다. 이에는 밖의 한겨울 추위와 따뜻한 실내 거실의 극명한 대비, 길을 잃고 방황하는 나비와 이를 채집하고픈 시적자아의 욕구 및 갈등이 선명하게 상반(相反)된 개념으로 병치(竝置)되어 주제를 효율적으로 선도해간다. 이는 결국 시적자아가 애처롭게 나는 나비 모습이 안쓰러워 자유롭게 날려 보내면서 국면이 해소되는데, 바람이 몹시 부는 한겨울 차가운 추위에 나비의 안위를 걱정하는 시적자아의 인도주의적 시선과 포근한 의식이 시의 여운과 울림을 깊게 한다. 작품 「길고양이」도 동물을 주체로 상정하고 제재를 통하여 주제를 명료화하는 점에서 앞의 시와 상통된다. 이 작품은 한겨울 눈밭에서 웅크리고 있다가 시적자아를 따라오는 길고양이로부터 시행이 비롯된다. 이는 뒤돌아보면 멈춰서고 걸어가면 따라오는 시적자아와 길고양이의 반복적 행위에서 둘의 관계가 결코 합치하기도 단절하기도 어려운 복합적이고 특수한 상황임을 암시한다. 함께 가길 원하는 고양이의 애처로운 눈빛에 대한 연민과 굶어 홀쭉해진 고양이의 배에 닿아 있는 시적자아의 시선이 한겨울을 매우 따뜻하고 훈훈하게 한다.

이들 작품과 달리 시 「새벽길」은 인간과 자연물이 작품의 주체가 되어 능동적으로 시적 화소를 이끌고 있는 점에서 대비된다. 이 작품은 새벽 인력시장의 인부와 콘크리트 틈새로 핀 꽃, 바위에 뿌리 내린 소나무가 각각의 궤적으로 시적정황과 의미를 이끌다가 오롯하고 끈질기게 생명력을 구축하는 주제의식의 강화 단계에서 하나로 귀착되며 문학적 질감을 승화시킨다. 이 시 「새벽길」은 극악한 삶의 환경을 극복하고 도전과 응전을 통해 생명체로서 굳건히 존엄과 삶의 지평을 다져가는 시적 주체가 강인한 인상으로 비쳐져 눈길을 끈다. 이 작품은 새벽 인력시장의 풍경과 콘크리트 틈새나 바위 사이에 터를 잡은 풀꽃과 소나무를 형상화하여 그려낸 한 편의 사실적 수묵화를 감상하는 듯해 가슴이 뭉클해진다. 이 작품은 개성이 강하고 구술(口述)이 자연스러우며 주제가 명료하다. 또한 얼개가 단단하고 군더더기 없이 묘사가 질박한 시로서 시인의 제4시집 『시계 바늘』에

수록된 작품 중 가장 걸작으로 평가된다. 이 시는 종결부에 이르러 위태로운 상황에서 극악한 환경을 극복하며 살아가는 인간과 자연물에 대해 신의 배려와 은총을 기구(祈求)함으로써 절대자와의 합일 및 귀의의식으로 환치(換置)되어 시의 주요 모티브(Motive)를 형성한다.

4. 감성과 묘사, 시적 투시력에 의한 내면의식의 승화(昇華)

작품 창작에 있어 시의 도입부는 매우 중요한 의미를 지닌다. 하나의 작품에 있어 그 글의 절반은 서두에 있고, 서두의 절반은 제목에 있다고 말한다. 프랑스 시인 발레리(Valery)는 '시의 첫 구절은 신의 선물이다'고 강조했고, 독일의 철학자이자 시인인 릴케(Rilke)는 '시의 첫줄을 잡기 위해 14년을 기다렸다'고 말했다 또 시 창작에서 가장 중요한 요소인 상상력에 대하여 프랑스 비평가 롤랑 바르트(Roland Barthes)는 '상상력이 신의 역할을 대리한다'고 강조했다. 상상력은 무한 공간 속에서 꿈꾸는 인간의 의식이 창조하는 이데아(Idea)의 세계이다. 문학은 사상과 감정을 상상의 반열에서 언어로 표출하는 예술이다. 이를 효율적으로 작품화하기 위해서는 시 쓰기의 세 요소인 '시적자아–시적대상–언어'가 상호 유기적 관계를 형성하고 긴밀하고 밀도 있게 의미를 생성하며 작품으로 구현되어야 한다.

암이 재발된 후로
종종 악몽에 시달린다

낯선 사람이 방으로 들어와서
시퍼런 검으로 잠자는 나를 내리쳐서
소스라치며 깨어났다
암이 또 전이되었다는 말을 듣고서다
두려워하는 만큼
온종일 마왕이 공포를 조장한다

—「악몽」 부분

사내의 눈길에 아랑곳하지 않는
여인의 태연한 모습에
오히려 보는 이가 당혹스럽다
아기는 여인의 가슴을
탐스러운 열매로 보지만
초로의 나이에 눈길이 가는 건
정열이 아직 많이 있다는 거다

뽀얀 살결에 정신이 혼미하다
반쯤 열린 단추를 마저 풀고 싶은 충동에
손길이 갈까 두렵다

—「버스 안에서」 부분

형언할 수 없는 황홀한 은하수까지
신비롭게 비추고 있는 셀 수 없는 별들
우리가 그 별들을 바라보고 있는 동안
그 별들도 우리를 바라보고
우리가 그 별들을 찾고 있는 시간 동안

그 별들도 우리를 찾고

우주의 가장자리에서
우리만 있는 줄 알고 호들갑 떠는 교만
수없는 별들의 무리가 우리를 항상
지켜보고 있다는 걸 알고는
계면쩍어졌다

—「별을 보며」 부분

위의 시에서 「악몽」은 시적자아의 암 투병 체험을 사실적으로 묘사한 작품이다. 인간의 생명은 유한하다. 그러기에 더욱 소중한 것이기도 하다. 시적자아는 암이 재발한 후 식은 땀이 흥건할 정도로 공포를 느끼는 가위 눌린 꿈에 시달린다. 그 꿈에 등장하는 인물은 주로 낯선 사람이고 세상을 떠난 사람이다. 시적자아는 이런 체험을 통하여 삶과 죽음이 모두 정해진 운명임을 인지하고 그 운명에 순응하여 살아가야하는 철리(哲理)를 깨닫는다. 작품 「버스 안에서」는 버스를 타고가다 살짝 풀어진 여인의 옷매무새를 보고 느낀 충동적 감정과 원초적 욕정을 사실적이고 감각적인 필치로 그린 작품이다. 이 작품에서는 시적자아가 인간본연으로서 느끼는 감성과 이성 사이의 갈등, 여인의 무심한 태도와 시적자아의 원시적 욕구가 상호 상반된 개념으로 적시되어 작품의 흥미를 유발한다. 이 작품을 감상하다 보면 마치 프랑스 풍속화가 샤르댕(Chardin)이 그린 〈빨래하는 여인〉 한 폭을 감상하는 듯하다. 빨랫감이 산발적으로 놓인 공간에서 대리석처럼 하얀 피부에 복숭아처럼 발그레하게 홍조를 띤 젊은 여인이 충분히 도발적이고 고혹적이듯이 옷매무새가 풀어진 여인도 원초적이고 육감적이며 관능적으로 비쳐져 짜릿하게 성감대를 자극하기 마련이다. 시 「별을 보며」는 토속적인 시골 정취가 물씬 풍기는 정겨운 작품이다. 이에는 언젠가부터 우리가 잊고 살아가는 지난날의 아늑하고 그윽하며 풍요로웠던 옛날 정취가 그리운 정경으로 자리한다. 서산으로 기우는 저녁놀과 멍석이 깔린 마당, 모깃불을 둘러싸고 앉아 나누는 정담, 저녁상을 물리고 맞이하는 밤하늘의 별자리, 신비롭고 황홀하게 빛나는 은하수 물결 등은 어린 날 우리 동심의 세계를 지배했던 절대적 세계이자 주된 꿈이고 소망이며 동경의 원천이었다. 시적 자아는 별을 응시하다 문득 별들도 자신을 응시하고 있음을 깨닫는다. 시적자아와 별자리는 마주보며 상호 교호작용(交互作用)을 하는 상관적 존재이고 이는 자아가 스스로 절제하고 근신하는 행동규범의 개체로서 연대관계를 형성하는데, 이런 정황이 바로 이 작품의 절대적 가치이자 값진 문학적 소산으로 인식된다.

5. 신과 인간, 그리고 꽃의 유기적 삼각구도와 구원의 세계

문학은 인생에 대한 질문이다. 모든 문학의 근본은 인생의 문제와 맞닿아 있다. 문학은 인생을 규명하고 그 본질적 의미와 가치에 천착(穿鑿)하여 삶에 대한 바람직한 방향과 태도를 정립하는 일이다. 인생은 오묘하고 복잡하며 다채로운 특징을 지닌다. 시는 인간정신의 총체적 반영(反映)이다. 시작행위에 있어 긴축과 사유(思

惟), 예지가 화학적 융합을 이룰 때 명시는 탄생한다. 품격 있는 시는 항시 구체성과 창의성, 선명한 이미지와 신비로운 여백의 공간을 잘 조율하고 참신한 언어로 깊은 내면의 흐름을 결집한다. 좋은 시는 함축적 언어, 비유와 상징, 철학적 정신, 운율과 이미지, 주제가 선명한 시이다. 시는 상상력에서 발아(發芽)하는 심미적 세계의 영상이다. 시인은 부단히 숙고하고 갈등하며 숙명처럼 내면의 진통을 극복해간다. 그러기에 시는 아름답고 고귀하며 숭고하다. 시는 영혼의 타래를 풀어 직조(織造)하는 형이상학적이고 경이로운 예술이다.

모두가 결국은
비루한 몰골로 남겨진다
그런 모습으로 띄엄띄엄
걸어가고 있는 군상들

멀리서 조용히 와 닿는
쪽배 하나가 돌아갈 수 있는
유일한 수단인 것을 알고서
세상에 사는 동안 아주 작은
밀알 하나를 심기로 했다

—「열린 문을 찾아서」 부분

신은 자기 모습으로 사람을 만들고
자기 마음을 꽃으로 만들어 놓았다

온종일 꽃들을

모양대로 마름질하여 피게 하고
꿈속에서도 꽃만 보고 있는
그대, 마음은 항상 기쁨이
가득하겠다

꽃은 사람을 향한 신의 사랑이고
사람이 세상에서 꽃을 피운다.

—「꽃을 피우다」 부분

김휘열 시인의 제4시집 『시계 바늘』에서 종교와 절대자를 향한 기구가 시집의 중요 테마(Thema)를 이루며 중심축으로 작용하는데, 위의 시 「열린 문을 찾아서」가 그 핵심적 작품의 하나로 자리한다. 이 시는 시적자아의 종교적 신념과 삶의 현상적 인식 및 철학이 절묘하게 조화되어 상호간 상승작용을 이룬다. 시적자아는 어둠의 미로(迷路) 속을 헤매다 가까스로 열린 문 하나를 발견하는데 이는 겨우 몸 하나 빠져나갈 만한 좁은 형태이다. 인간이란 군상(群像)은 모두가 존재하면서 존재하지 않는 존재이다. 그런 모습으로 미지의 공간을 헤매며 고독하지 않으려 버둥대지만 결국은 의미 없이 비루한 몰골로 남게 된다. 시적자아는 멀리서 조용히 와 닿는 쪽배 하나가 돌아갈 수 있는 유일한 구원의 수단임을 알고 그날을 대비해 자신이 존재하는 세상에 작은 밀알 하나를 심기로 작정한다. 미지의 세계를 위해 무언가를 하려고 결심한 순간부터 그는 더 이상 어둠의 방랑자가 아니다. 김휘열 시인의 제4시집 『시계 바늘』에 수록된 작품 중에서 시 「나의 화원」이 대단원의 서막을 여는 대표

작이라면 시 「꽃을 피우다」는 뒷부분에 자리하여 시집을 여미는 마무리 작품으로 기능하고 있다. 이 작품은 도입부에서 녹음이 우거진 초록의 길섶에 온갖 꽃이 만발한 현상적 모습을 묘사하고 꽃의 아름다움에 대한 관념적 인상으로 시적 이야기의 줄기를 이어간다. 그리고 이는 이내 초점이 숭앙하는 절대자로 모아지며 절대자의 권능과 지혜를 예찬하는 시적구조로 귀착된다. 결국 신은 자신의 모습으로 인간을 만들고 자기 마음으로 꽃을 만들었다는 당위론으로 결집된다. 그러기에 꽃은 언제나 예쁘고 아름다운 가치를 지닌다. 결국 꽃은 사람에 대한 신의 사랑이고 그 신의 사랑이 세상에서 꽃을 피우는 존재라 할 수 있다. 그렇게 신과 인간, 꽃은 삼각관계에 놓이며 상호간에 긴밀한 유기적 관계를 형성하는 존재라 할 수 있다.

6. 김휘열 시인의 작품이 지니는 문학적 관견(管見)

김휘열 시인의 작품에 담긴 문학적 특징을 요약하면 다음과 같다. 첫째, 화원(花園)과 종교를 두 축으로 설정하여 전체 시집을 망라(網羅)하고 있는 점이다. 이 화원은 다시 다양한 화종(花種)과 수목(樹木) 및 사계절로 세분되어 각기 내재적 의미를 지니고 특징적으로 작용한다. 종교적 특징의 작품들은 절대자에 대한 감사, 시적자아의 염원과 소망, 믿음과 성경이야기 등을 모티프(Motive)로 삼아 전개한다. 둘째, 작품의 소재와 제재를 활용하고 응용하여 자아를 통찰(洞察)하고 성찰(省察)하는 계기로 삼는 점이다. 문학적 소재와 제재가 지닌 성질, 의미, 가치와 이를 구현하는 주제의식을 일상적 삶의 양상에 적용하여 자아의식과 생활의 규범으로 삼는다. 셋째, 일상적 사유를 시로 채화(採化)하여 작품으로 형상화하는 도정에서 순리와 상식에 따른 맑은 영혼과 사유체계, 언어를 구사한다. 이는 자연스럽게 시의 질적 위상과 음영(陰影)의 바탕색을 형성하는 요소로 작용하여 작품을 계량하는 척도로 작용한다. 넷째, 자연스런 삶의 현장성을 구현하는 작품이 다수 등장한다. 일상인에게 친숙한 삶의 질감과 양상이 두드러지고 감각적이며 자연스런 감성의 표출이 작품의 근간을 형성한다. 다섯째, 상당수 작품에서 박애주의가 표상되는데, 이는 인간을 보다 인간답게 하며 인간의 본성을 옹호하여 실현하는 휴머니즘으로 확장된다. 여섯째, 다른 사물에 의탁하지 않고 자신을 굴종하지도 않는 사물을 차용하여 오롯이 바른 삶의 궤적(軌跡)을 형상화하고 이를 감각적으로 상형해간다. 평상적인 상념과 사유를 숙성시킨 입체적 여운으로 복합적인 시의 이미지를 창출한다. 일곱째, 고요하고 담백하며 그윽하고 순연한 정경으로 그리움과 동경의식을 고취한다. 김휘열 시인은 이를 시화(詩化)하며 현란한 기교나 수사(修辭)의 현학적 작품보다 진솔하고 정갈하며 정적인 세계의 시심을 추구한다. 그는 삶의 괴로움과 고통보다는 시인이 살고 있는 현실세계의 삶을 진솔하고 감각적으로 확장하고 구상화(構想化)한다.

김휘열 시인의 제4시집 『시계 바늘』 상재를 진심으로 축하하며, 앞으로도 더욱 향기롭고 품격 있는 시 창작을 통하여 무한한 문학적 광영이 함께하길 기원한다.

문학세계대표작가선 968

시계 바늘

김휘열 제4시집

인쇄 1판 1쇄 2022년 5월 13일
발행 1판 1쇄 2022년 5월 20일

지 은 이 : 김휘열
펴 낸 이 : 金天雨
펴 낸 곳 : 도서출판 천우
등 록 : 1992. 2. 15. 제1-1307호
주 소 : 서울시 성동구 무학봉28길 6 금용빌딩 2F
전 화 : 02)2298-7661
팩 스 : 02)2298-7665
http://moonhak.wla.or.kr
E-mail : chunwo@hanmail.net

값 13,000원

ISBN 978-89-7954-870-9